Епопея на забравените
Epic of the Forgotten

Ivan Vazov

Mark J Ripkowski

ЕПОПЕЯ НА ЗАБРАВЕНИТЕ
EPIC OF THE FORGOTTEN

Левски
Levski   6

Бенковски
Benkovski   20

Кочо
Kocho   28

БРАТЯ ЖЕКОВИ
The Zhekov Brothers   40

КАБЛЕШКОВ
Kableshkov   46

ПАИСИЙ
Paisii   58

БРАТЯ МИЛАДИНОВИ
Miladinov Brothers   68

РАКОВСКИ
Rakovski   76

КАРАДЖАТА
The Karadja   82

1876   94

ВОЛОВ
Volov   98

ОПЪЛЧЕНЦИТЕ НА ШИПКА
The Resistance at Shipka   100

Епопея на забравените
Epic of the Forgotten

ЛЕВСКИ

Манастирът тесен за мойта душа е.
Кога човек дойде тук да се покае,
трябва да забрави греховния мир,
да бяга съблазни и да търси мир.
Мойта съвест инак днеска ми говори.
Това расо черно, що нося отгоре,
не ме помирява с тия небеса
и когато в храма дигна си гласа
химн да пея богу, да получа раят,
мисля, че той слуша тия, що ридаят
в тоя дол плачевни, живот нестърпим.
И мойта молитва се губи кат дим,
и господ сърдит си затуля ухото
на светата песен и херувикото.

Мисля, че вратата на небесний рай
на къде изглеждат, никой ги не знай,
че не таз килия извожда нататък,
че из света шумен пътят е по-кратък,
че сълзите чисти, че вдовишкий плач,
че потът почтенний на простий орач,
че благата дума, че правото дело,
че светата правда, изказана смело,
че ръката братска, без гордост, без вик
подадена скришно на някой клетник,
са много по-мили на господа вишни
от всичките химни и тропари лишни.

LEVSKI

The monastery is constricting for my soul.
When a man comes here to repent,
he must forget about the sinister world,
to avoid temptations and to seek peace.
My conscience speaks the opposite today.
This black robe that I'm wearing on top,
does not reconcile me with those skies above,
and when I raise my voice in the temple
to sing hymns to God and ask for the Heavens,
all I'm thinking about is that he is listening instead
to those who are shedding tears in the gutter,
unbearable life.
And my prayer vanishes like smoke,
And God angrily shuts his ear to the holy chant and the liturgy.

I'm thinking about Heaven's doors,
and that nobody knows how they look,
that the exit from this chamber leads that way,
that the path through this mad world is shorter,
that the purity of the tears, that the widow's cry,
that the honest sweat of a humble ploughman,
that a kind word, that a fair deed,
that the holy truth uttered with bravery,
that a brother's hand, secretly given to a poor soul,
with no pride, no sound,
are all dearer to the mighty God
than all the useless hymns and chants.

Мисля, че човекът, тук на тоя свят
има един ближен, има един брат,
от кои се с клетва монахът отказа,
че цел по-висока Бог ни тук показа,
че не с това расо и не с таз брада
мога да отмахна някоя беда
от оня, що страда; мисля, че канонът
мъчно ще направи да замлъкне стонът;
че ближний ми има нужда не в молитва,
а в съвет и помощ, когато залитва;
мисля ази още, че овчарят същ
с овцете живее, на пек и на дъжд,
и че мойте братя търпят иго страшно,
а аз нямам нищо, и че туй е гряшно,
и че ще е харно да оставя веч
таз ограда тиха, от света далеч,
и да кажа тайно две-три думи нови
на онез, що влачат тежките окови.
Рече и излезе.

   Девет годин той
скита се бездомен, без сън, без покой,
под вънкашност чужда и под име ново
и с сърце порасло и за кръст готово,
и носи съзнанье, крепост, светлина
на робите слепи в робската страна.
Думите му бяха и прости и кратки,
пълни с упованье и надежди сладки.
Говореше често за бунт, за борба,
кат за една ближна обща веселба,
часът на която беше неизвестен;
изпитваше кой е сърцат, сиреч честен,

I'm thinking that here on this world,
a man has only one who's close,
has only one to name as his brother,
from which the monk, under vow, disclaims,
that God is showing us here a higher purpose,
that nor with this robe, nor with this beard
I can remove any adversity
from the one who's suffering;
I'm thinking that papal law
can hardly make a groan fall silent;
that my neighbour is in need of advice
and help when struggling, not prayer;
I'm also thinking the same as the shepherd
who lives with the sheep under the sun and the rain,
and that my brothers have a terrible yoke to bear,
but I haven't got anything to bear, and this is wrong,
and that it will be right to forever leave
this peaceful garden, from the world so distant,
and to speak in secret, just two or three new words
to those who are dragging the heavy chains.
He said and went way.

For nine homeless years he wandered,
without sleep, without rest,
under a false identity and new name
and with a grown heart, ready for the cross,
and carrying consciousness, certitude and light
for the blind slaves in the enslaved homeland.
His words were short and simple,
Filled with assurance and sweet dreams.
Oftentimes he spoke about rebellion, about resistance,
in a way it was about something imminent and cheerful,
an event whose beginning was yet unknown;
he was testing men's hearts, their honesty so to speak,

участник да стане във подвига свят;
всяк един слушател беше му и брат.
В бъдещето тъмно той гледаше ясно.
Той любеше свойто отечество красно.
Той беше скиталец и кат дете прост
и като отшелник живееше в пост.

Горите, полята познати му бяха;
всичките пътеки кракът му видяха,
пустинята знайше неговия глас,
хижата го знайше и на всеки час
вратата й за него отворена беше.
Той се не боеше, под небето спеше,
ходеше замислен, самси без другар.
Тая заран млад е, довечера стар,
одеве търговец, сега просяк дрипав,
кога беше нужно — хром, и сляп, и клипав;
днес в селото глухо, утре в някой град
говореше тайно за ближния преврат,
за бунт, за свобода, за смъртта, за гробът,
и че време веч е да въстане робът;
че щастлив е оня, който дигне пръв
народното знаме и пролее кръв,
и че трябва твърдост, кураж, постоянство,
че страхът е подлост, гордостта — пиянство,
че равни сме всички в големия час —
той внасяше бодрост в народната свяст.

И всякоя възраст, класа, пол, занятье
зимаше участье в това предприятье;
богатий с парите, сюрмахът с трудът,
момите с иглата, учений с умът,
а той беден, гол, бос, лишен от имотът,

their worth to join the holy quest;
they were all listening to him and trusted him like a brother.
He could clearly see through the darkness of the future.
He loved his stunning homeland.
He was a wanderer, pure like a child,
living in hunger like an outcast.

The woods and valleys were familiar to him;
All the roads were known to him as well,
The wilderness knew his voice,
And the shelter's doors were open for him always.
He was not afraid to sleep under the open sky,
walking with constant thoughts on his mind,
without having a companion.
He was young in the morning and aged by the evening,
a merchant just now and a beggar in the next minute,
he would disguise when the moment was right,
could as well be crippled, blind and skinny;
in the quiet village today or in the town tomorrow
speaking secretly about the upcoming revolt,
about rebel, freedom, about the death and the grave;
and that the time to rise against is already upon the slaves;
and those who stand up first to carry the national flag
and to spill their blood will be blessed,
and what is needed is strength, bravery and consistency,
and the fear is vile and the pride is intoxicating,
that at the very end, we are all equal -
he was the inspiration for the national consciousness.

People of all ages, classes, gender and craft
became active and supported the cause;
the rich with their money, the poor with their hard work,
the girls with their knitting, the educated with their minds,
and he, poor, homeless and barefoot devoted his life!

за да е полезен дал си бе животът!
Той беше безстрашлив. Той беше готов
сто пъти да умре на кръста Христов,
да гори, кат Хуса или кат Симона
за правдата свята да мре под триона.
Смъртта бе за него и приятел и брат,
зашил беше тайно в ръкава си яд,
на кръста му вярно оръжье висеше,
за да бъде страшен, кога нужда беше.
Той не знайше отдих, ни мир, нито сън,
обърнал се беше не дух, на огън.
Думата си цяла лейше в едно слово,
понявга чело си мръщеше сурово,
и там се четеше и укор, и гняв,
и душа упорна, и железен нрав.
Той беше невидим, фантом или сянка.
Озове се в черква, мерне се в седянка.
Покаже се, скрий се без знак и без след,
навсякъде гонен, всякъде приет.
Веднъж във събранье едно многобройно
той влезна внезапно, поздрави спокойно,
и лепна плесница на един подлец,
и излезе тихо из малкий градец.
Името му беше знак зарад тревога,
властта беше вредом невидима, строга,
обсаждаше двайсет града изведнъж,
да улови тоя демон вездесъщ.
От лице му мрачно всички се бояха,
селяните прости светец го зовяха
и сбрани, сдушени във тайни места
слушаха със трепет, с зяпнали уста
неговото слово сладко и опасно,
И тям на душата ставаше по-ясно.

He knew no fear. He has ready to be crucified
and die a hundred times, to burn on the stake
like Huss or to die under the saw
like Simon for what's holy and right.
Death was his friend and companion, he had
secretly sewed poison in his sleeve
and around the waist he was wearing
a reliable weapon to be feared when necessary.
He knew no rest, no peace, no sleep either,
not like a ghost, but like forever burning fire.
His words were all coherent,
and sometimes his forehead would tense into a frown,
portending rage and blame,
displaying his powerful soul and his iron-forged character.

He was invisible, a phantom or even a shadow.
Appearing for a brief moment in a church
or at a local gathering.
He'd show up and then he'd disappear
without a sight and no trail,
chased from anywhere and welcome everywhere.
Once he suddenly appeared at a large meeting,
calmly greeted, landing a slap on the face of a bastard,
and he afterwards quietly sneaked out from the small town.
His name was a signal for alert,
the authorities were called for mobilizations unseen before,
besieging twenty towns at once,
in search to capture this foul demon.
They were all scared of his face,
but he was called a saint among the ordinary peasants
and gathered close together in places beyond secret
they would listen with passion, amazed by his sweet and
dangerous preachings,
And it was there when it became clear to one's soul.

. . . .
. . . .
И семето чудно падаше в сърцата
и бързо растеше за жътва богата.

Той биде предаден, и от един поп!

Тоя мръсен червяк, тоя низък роб,
тоз позор за Бога, туй пятно на храма
Дякона погуби чрез черна измама!

Тоз човек безстиден със ниско чело,
пратен на земята не се знай защо,
тоз издайник грозен и божий служител,
който тая титла без срам бе похитил,
на кого устата, пълни с яд и злост,
изрекоха подло: "Фанете тогоз!"
На кого ръката не благословия,
а издайство свърши, и гръм не строши я,
и чието име не ще спомена
от страх мойта песен да не оскверна,
и кого родила една майка луда,
който равен в адът има само Юда
фърли в плач и жалост цял народ тогаз!
И тоз човек йоще живей между нас!

Окован и кървав, във тъмница ръгнат,
Апостолът беше на мъки подвъргнат
ужасни. Напразно! Те нямаха власт

14

....

....

And the seed of the unimaginable miracle was planted in their
hearts
and it was growing fast and fruitful, ready for harvest.

A priest was the one who betrayed him!

This slimy worm, this disgraceful slave,
this man unworthy of God, this dissenter of the temple
the Deacon he betrayed with his black treason!

This shameless little man,
sent to this Earth with no purpose,
this ugly traitor and servant to God,
with no shame titled himself a priest,
and his mouth, full of hatred and evil speech,
he was the one who spoke the words:
"Grab him, he is the man you are looking for!"
he was the one who raised his hand to point out,
instead of giving his blessing,
and there was no lightning to strike his arm down in a flash,
he was the one whose name I refuse to share,
because I'm afraid this would be a disgrace for my song,
his mother had no sense of right and wrong,
and he's equal in Hell only to Judas,
he turned his back to the whole nation
and left it to grieve in sorrow and tears!
This man is still alive and among us!

Chained and covered in his own blood,
thrown away in a cell,
The Apostle was exposed to horrifying
torture in vain attempts to break him down.

над таз душа яка. Ни вопъл, ни глас,
ни молба, ни клетва, ни болно стенанье
не издаде в мрака туй гордо страданье!
Смъртта беше близко, но страхът далеч.
И той не пошушна предателска реч.
И на вси въпроси - грозно изпитанье -
един ответ даде и едно мълчанье
и казваше: "Аз съм Левски! Ей ме на!"
И никое име той не спомена.

Но тиранът люти да убий духът
една заран Левски осъди на смърт!

Царете, тълпата, мръсните тирани
да могат задуши гордото съзнанье,
гласът, който вика, мисълта, що грей,
истината вечна, що вечно живей,
измислиха всякой по една секира
да уморят всичко, дето не умира:
зарад Прометея стръмната скала,
ядът за Сократа с клеветата зла,
синджир за Коломба, кладата за Хуса,
кръста на Голгота за кроткий Исуса -
и по тоя начин най-грозний конец
в бъдещето става най-сяен венец.

Той биде обесен.

О, бесило славно!
По срам и по блясък ти си с кръста равно!

16

The agony had no power against the strong will of his soul.
He stood up with pride without sharing a sound,
nor begging for mercy,
nor swearing in rage,
not even groaning from the unbearable pain!
The fatal end was near, but there was no fear of death.
He betrayed no one.
The gruesome interrogations did nothing,
except one answer he gave followed by silence:
"My name is Levski! Here I am!"
There were no other names mentioned by him after.

In order to break his will, the repressors decided for Levski
to be sentenced to death!

The Kings, the crowds and the forsaken repressors,
each one of them had their own methods
to deal with a brave consciousness and its voice,
in order to bring down the bright
thoughts and the forever-living truth,
in order to destroy everything that is indestructible,
each one of them invented a terrible torture such as:
the rock for Prometheus,
the poison and the betrayal for Socrates,
the stake for Huss,
Jesus's crucifixion at Golgotha –
but those men were not forgotten by the future generations
and today we call them saints.

He was hanged.

Oh, glorious rope!
Your shame and your bright light are equal to those of Christ's
cross!

Под теб ний видяхме, уви, да висят
много скъпи жъртви и да се тресят
и вятърът южни с тях да си играе,
и тиранът весел с тях да се ругае.
О, бесило славно! Теб те освети
смъртта на геройте. Свещено си ти.
Ти белег си страшен и знак за свобода,
за коя под тебе гинеше народа,
и лъвът, и храбрий: и смъртта до днес
под тебе, бесило, правеше ни чест.
Защото подлецът, шпионът, мръсникът
в ония дни мрачни, що "робство" се викат,
умираха мирни на свойто легло
с продадена съвест, с позор на чело,
и смъртта на тебе, о, бесилко свята,
бе не срам, а слава нова на земята
и връх, от където виждаше духът
към безсмъртието по-прекия път!

We've seen hanging under you so many victims dear to us
shaking in agony
and the south wind played with the breathless bodies,
their death brought cheer for the repressor's lines.
Oh, glorious rope! The cause of your sainthood is the death of
those heroes.
You are holy. A terrible scar and memorial of freedom,
for which the people hanging under you paid with their lives,
you took away the lion, you took away the brave,
every being you took away was glorified and their memory
remains.
Because, those who were traitors, bastards and spies
in those dark days of disgrace and slavery,
those were the men who peacefully died in their beds
with a conscience they'd sold,
with shame on their names,
and whoever hanged on you till dead, oh, holy rope,
was not ashamed, they brought a new hope for us and this
forsaken land,
a new horizon for those who were spirited enough to seek and
find
the straightest path to immortality!

БЕНКОВСКИ

Планината пуста. Дивота и сън е.
Вред пространства голи, бърда, урви, трънье;
в пустинята влада някой гробен дух.
Небосводът гледа уплашен и глух.
Лесовете черни, накрай кръгозорът
мяркат се, тъмнеят. Надалеч в просторът
орел един плува, бавно се върти
над някоя мърша, що му дъх прати;
по скалите зеят страшни пукнатини;
затулени с храсти - легла на гадини;
сипеи безродни, плешиви бърда,
стръмнини без дръвье, реки без вода
душата измъчват и плашат окото.

Из един там глух дол, обрасъл с глогина,
сега върви тихо някаква дружина.
Вождът е Бенковски! Бенковски е сам!
Бенковски я води в пустинята там;
героят, юнакът с мисъл на челото,
на подвига знаме, душа на делото,
човекът, що даде фаталния знак
и цял народ смело тикна с своя крак
желязната вволя, железните сили,
могъщото слово, що слабий окрили,
гласът, който каза: "Вървете! Да мрем!
Ставайте, робове! Аз не ща ярем!"
И ние трептяхме пред тоя глас мощен,
пред тоя демон таен, призрак полунощен,
който произнесе страшните слова...

BENKOVSKI

The mountain is desolate. It is surrounded by wilderness and
peace.
A raw area of steep hills and spiky weeds spreads beyond sight,
a desert, ruled by a silent ghost.
The skies are looking down; afraid and quiet.
A barely visible black forest casts shadows in the distance.
There is an eagle floating in the far, circling above a carcass of
some sort,
attracted by the smell of rotten flesh.
The cracks in the cliffs looks fearful,
covered with bushes, hidden dens of beasts and creatures.
Unnamed lands, stripped hills,
steep slopes where trees don't grow, rivers with no water,
torture for the soul and fearful on sight.

In one of the vales down below,
a small group of men is now quietly walking.
Benkovski is their leader! Yes, it's Benkovski himself!
Benkovski is leading the group through that wild land.
He was a brave hero with a sharp mind,
a remarkable person with a passion for the quest,
he was the man who gave the fatal mark
and the whole nation stomped the ground with courage,
smashing under their feet the iron will, the iron rule,
powerful words gave them wings,
the powerful words spoken by him: "Let's go! Let's die!
Rise up, slaves! I refuse to bear the yoke anymore!"
We were influenced by his majestic voice,
by this demon hidden by a secret, midnight ghost,
who pronounced those shocking words...

Той сега вървеше с клюмнала глава.
Другарите му верни, разбити и прашни,
мязаха на мощи и на сенки страшни,
седемдесет бяха, четирма са днес.
Другите паднаха: едни в боя с чест,
други в плен срамотен, други пък бегаха,
от тяхната участ кат се убояха.
Тъжно те вървяха в заглъхналий мир

по пясъка ситни, из дивния шир,
с пушки без патрони, и с крака без сила;
всяка кост се клати, боли всяка жила;
подвигът е труден, пътят е свиреп.
Петнадесет дена без отдих, без хлеб
скитат се в горите, борят се с тиранът,
с пекът, с дъждовете и с треви се хранат,
често мисъл мрачна дохожда им тям.
Но бълзо изчезва; Бенковски е там.

Бенковски ги пази мълчалив и страшен;
в бедите поддръжка и пример всегдашен;
той държи, не охка, той е само блед,
от време на време издумва "Напред" -
и гледа на изток, и води ги смело,
и бурно се бърчи бледното му чело.
В глава му се блъскат мисли цял рояк
и кроежи тъмни, и лучи, и мрак,
и ярост отровна кипи му в гърдите
за толкоз нещастья, надежди разбити,

22

He was walking now with his head down.
His trusted fellows were defeated and covered in dust,
walking human remains, terrible shadows,
seventy of them set off, now only four left.
The rest had fallen: some of them in the glorious fight,
others, for shame, were captured and
the rest ran in fear, afraid of their own dark fate.
The survivors were slowly dragging along through the silent
land,
through the fine sands of this wild place,
with their feet so tired,
carrying their guns without any ammunition left.
Their bones were shaken, their muscles were in pain.
The quest is tough, the path is rough.
For fifteen hungry days they wondered restless through the
woods,
fighting against the tyrants, the heat, the rain and what they
had for supper was only grass,
they were on the brink of desperation, haunted by their own
dark thoughts.
But all the trouble went away, because Benkovski was with
them.
Benkovski was their silent and fearful protector,
reliable in moments of hardship, a man of such example.
He is tough, no moaning sound escapes him,
he looks only a bit pale,
but he'd say once in a while: "Let's move on" -
and he'd look to the east and he'd lead them with confidence,
and his pale forehead frowns with tension.
His thoughts of dark plots and fatality are ripping him apart,
and venomous rage is burning inside his chest
ignited by the misfortune, the crushed hope,

за толкова жъртви и вяра, и труд,
отишли на вятър под натиска лют!
И бунтът пред него като облак чуден
фърчи кат от някой ураган прокуден.
Накъде отиват?...Изведнъж гръм
раздаде се силно от ближния хлъм.
Кат снопове падат трима другари.
Кръв димеща, топла пясъка прошари.
Пушекът се пръсна и гръмът мина,
кат напълни с екот цяла планина.
Потерята скокна от свойта пусия
и шумно изкряска - смелост улови я:
тя видя един прав, и то кървав, сам!
Двайсет пушки мерят изново насам,
готови куршуми и огън да храчат.
"Предай се, разбойник!" - извика водачът,
и сганта внезапно загради отвръст
сетний неприятел със жажда за мъст,
със радост свирепа, с увереност дива,
че веч държи здраво плячката си жива.
Тогава ранений прав, трепетен, див,
с поглед безнадежден, почти горделив,
с пет рани в снагата, при прагът на гроба,
кат не ща да падне, както пада роба,
гръмна се в челото и сред гъстий дим
падна мъртъв, хладен и непобедим!

И Хаджи Люзгяр бей, главатарят стари,
пристъпи зачуден с хищни си другари
към таз жъртва силна, към тоз горд юнак,
който му избягна с такъв славен бяг,

by the breathless bodies of fellow friends, the faith, the hard work
wasted in vain under the enemy's fist!
Just like a misty cloud blown apart from a stormy wind,
the dream of success and revolt has vanished.

Where are they going?... And all of a sudden
a thunder of gunfire rings out.

Three of the fellows fell down dead.
Their blood, warm and steaming, painted the sand.
The smoke vanished and the thunder faded,
the whole mountain was filled with the echo.
The enemy pack jumped out of their cover,
with a loud roar full of courage:
They came out to find a lonely survivor all covered in blood!
Twenty guns were aiming at him, loaded and ready to spit fire.
"Surrender!" – the pack leader shouted,
and suddenly the stranger was surrounded
the pests were thirsty for revenge,
grimly cheering with confidence unleashed,
holding the prey tight in their fist.

And then, the wounded man looked up,
with his hopeless eyes and pride in his sight,
he was shot five times in the torso, nearly dead,
not wanting to fall like a slave, he shot himself in the head
and fell breathless on the ground, cold and undefeatable!

The old leader called Lyuzgyar,
followed by his bloodthirsty soldiers
came closer to the body of their prey
he was a victim, a powerful and brave hero,
who managed to escape with an act unseen before,

погледна чело му, с топла кръв покрито,
и очи му страшни, вперени сърдито,
и ръка му, взела револвера с мощ,
като че се готви зарад битка йощ,
и уста му бледни, открити към свода
като че ще винат: смърт или свобода!
И усети почит и трепет, и студ,
и викна уплашен: "Кой е тоя луд!"
Но всички мълчаха. Тогаз от земята
един труп пошавна, отвори устата,
пробуден от сила тайна, непозната,
и с глас издихающ, кат ръка простря,
"Бенковски!" - продума и тихо умря.

the old commander looked down to the dead man's head,
the fallen was covered in warm blood,
his eyes were angry and focused,
and his hand was still holding the gun in a strong grip,
as if he was getting ready for fight,
and his pale lips were wide open
as if he was just about to shout out: freedom or death!
Lyuzgyar suddenly felt admiration, thrill and cold all at the
same time
and he shouted in fear: "Who's that crazy man!"
No one knew. And in this very moment,
one of the bodies lying dead on the ground moved,
the poor soul opened his mouth, awakened by powers so
mystical and unknown,
and with his last breath he raised his hand,
"Benkovski" – he whispered and perished.

КОЧО
Защитата на Перущица

О движенье славно, о мрачно движенье,
дни на борба горда, о дни на паденье!
Епопея тъмна, непозната нам,
епопея, пълна с геройство и срам!

Храмът беше пълен с деца и невести,
с въстаници бодри и бащи злочести,
които борбата в тез зидове сбра.
Участта си всякой вече я разбра.
Врагът от три деня наоколо храма
гърмеше отчаян. Ни страх, ни измама,
ни бой, ни закани нямаха успех.
Борците държаха и никой от тех
за сдаване срамно уста не отвори
и лицето първи да си опозори.
Оградата беше прилична на пещ
задушена, пълна със въздух горещ
и със дим барутен. Свирепият глад
издаваше вече своя вик познат.
Децата пищяха уплашени, бледни
пред майки убити и трупове ледни.

Борбата кипеше отвътре, отвън.
Във всичките очи пламтеше огън.
Болнави и здрави, богати, сюрмаси,
русите главички и белите власи
зимаха участье в последния бой.

KOCHO
The Defence At Perushtica

Oh glorious movement, oh movement of darkness,
historical days of revolution, oh days of defeat!
Dark epic, unknown to us,
epic of bravery and shame!

The church was crowded inside with women and children,
members of the resistance and unfortunate fathers,
in the name of the rebellion they were all gathered together
behind those walls.
The fate was known to them all.
For the past three days the enemy had been all around shooting
in desperation.
Their methods of casting fear, cheating, threatening and
shooting had no success.
The defenders were holding the lines and no one had the
shameless thought to surrender.
The walls were in the shape of a sealed furnace,
the air inside was filled with the heat and the smoke of the
burned gunpowder.
The place was already haunted by the horrifying voice of
hunger.
The children were screaming in fear, looking on the cold bodies
of their killed mothers.

The fight was all around and at its peak.
Everyone's eyes were sparkling in flames.
Ill or in good health, rich or poor,
the young and the old
all of them took action in the final push.

Майката мълвеше:"Чедо, не се бой!"
и даваше сину напълнена пушка;
и старата баба, що едвам се люшка,
носеше куршуми във свойта пола,
и мъжът, учуден, имаше крила:
отзади, до него, жена му любима
гледаше азлъка пупал дали има.
Децата пищяха, като за път пръв
чеваха гърмежи и гледаха кръв.
И боят кипеше отвътре, отвън.
Много борци хладни спяха вечен сън,
и димът беше гъстък, и смъртта не беше
ни грозна, ни страшна, и кръвта шуртеше
из женски гърди наместо млеко.

Лудост бе пламнала във всяко око.
Старците търчаха с ярост на лице
и търесеха пушки с трепетни ръце...
Отвън враговете диви, побеснели -
сган башибозуци храма налетели -
фучаха, гърмяха, надаваха рев
и падаха мъртви във немощен гнев.
Главатарят техен, в кръв топла оквасен,
на таз жътва дива гледаше безгласен,
и страхът неволно обзе му духът
пред тез раи слаби, що сееха смърт,
и вместо молби, плач пущаха куршуми.
Изведнъж далеко, на голите друми,
войска се зададе с трясък, тичешком...
Сганта се зарадва, а в божия дом
душите сетиха трепет и смущенье
като пред десница, що принася мщенье.

"Don't be afraid my child!" were the words of a proud mother
to her son
while passing him a loaded gun.
An old lady over there, barely walking,
was carrying rounds in her skirt,
and the man was feeling assured because
his beloved wife was there beside him,
making sure the rifle was loaded with gunpowder.
The children were screaming every time the guns went off.
The fight was all around and at its peak.
Many of those fell cold on the ground in eternal sleep,
and the smoke was thick, and the death wasn't ugly and
frightening any more,
and the women's chests were bleeding instead of breastfeeding.
The elders were rushing around with angry frowns
grabbing guns with shaky hands...

The enemy outside was angry and insane –
disgraceful soldiers of fortune sent here to loot the temple –
rushing, shooting, roaring,
falling dead in a hopeless rage.
Their leader, soaked in warm blood,
was only a silent observer of this horrifying pillage,
he suddenly felt frightened, losing his courage
in front of those weak slaves who were sowing death,
and instead of crying for mercy, they were casting bullets like
hail.

Unexpectedly in the distance,
reinforcements arrived, galloping and shaking the ground...
The mercenary pests cheered, and the poor souls inside the
God's sanctuary
were shaken and disturbed, left alone to face the hand of
vengeance.

Битката утихна...разредя димът
и някой глас чу се, че ехти в шумът:

- Ний се бихме, братя, с башибозуци,
защото са мръсни, диви и хайдуци...
Ето царска сила, да се предадем!
- Не щем! - Не! - Не бива! По-добре да мрем!
- Пушките си дайте! - Не! Не! - Що да сторим?
- Да се покорим ли? - Мълчи! Да се борим!
- Предателят кой е?! - Долу! - викат с бяс, -

Спогодба не става между тях и нас!
Една жена викна:"Чуйте! Срам!" и пушна
към войската царска и падна бездушна,
и гърмът разклати смаяний народ!
Трепна всяко сърце и всякой живот,
огънят обфана тия души горди.

- Да се не вдадеме на турските орди! -

И гърмежът почна, и боят със гняв
подзе своя страшен и гробен напев,
но йоще по-страшно и йоще по-гробно.
И смъртта из храма фучеше злокобно.
Отчаянье мрачно лицата вапца,
майки не познаха своите деца.
Отвън срешу храма зяпнали пушкала
забълваха пламък и бомби, и хала!
И стените стари разлюляха с звук
кат внезапний вятър планинския бук
като тръс подземен многажди повторен.

The loud blast of the fight faded...the smoke vanished and
someone's echoing voice interrupted the noise:

We fought bravely against those dirty mercenaries,
because they are barbarians and thieves...
The sultan's troops are now at the door step, we should
surrender!
We will not! – No! – This is not right! We would be better dead!
Give up your guns! – No! No! – What should we do?
Should we listen? – Shut up! Let's fight!
Who's that traitor?! – Get off! – they were raging inside.

There is no place for reasoning between us and them!
A woman from the crowd shouted: "Listen to me! This is
shame! She opened fire
against the sultan's troops and a second after she fell dead on
the ground,
the crowd stood still, stunned by the thunderous gunfire!
Their hearts thrilled and every brave soul left was inflamed by
the courage.

We shall not surrender to the Turkish lines!

And the gunfire resumed, the angrier fight was chanting its
dreadful and deadly chant.
The church was haunted by an ominous reaper.
The men's faces were painted with dark desperation,
their mothers couldn't even recognise them any more.
Outside, opposite the temple, the enemy's firearms
were casting flames and explosions like dragon fire!
And the walls of the old church were shaken
like a beech tree bending under the stormy wind,
as if repeatedly hit by an earthquake.

Изведнъж видяха там зидът съборен!

Перущице бедна, гняздо на герои,
слава! вечна слава на чедата твои,
на твоята пепел и на твоя гроб,
дето храбро падна въсталий роб!
Слава теб, че ти се одържа до крайност
и бори се в пушек, и падна със сяйност.
Ти в борбата черна и пред турский гнев
издигна високо твоя свилен лев,
и глава не клюмна, и меча не даде,
и твойта светиня срамно не предаде,
и нашта свобода ти я освети,
и за толкоз жъртви гордо отмъсти.
Поклон на теб, граде, пепелище прашно,
на борба юнашка свидетелство страшно!
Твойте чеда бяха силни в трудний час,
твойта гибел беше тържество за нас,
защото ти падна със падане ново
и в нашта история тури светло слово.
Защото ти блесна в синия простор
сред многото подлост, сред общий позор!
Защото пропадна и в гроб се халоса
славно както Прага, както Сарагоса,
обвита във пущек, окъпана в кръв;
защото ти - сетня - пример даде пръв
как мре народа и не моли бога,
и не рече: Милост! - в общата тревога;
и - нищожна, тъмна, без крепост, без мощ

The wall was breached!

Dear town of Perushtica, birthplace of heroes and glory!
Hail to you and to the eternal fame of the ashes and the graves
of your people,
who fell with bravery in the fight for freedom!
Hail to you for holding the lines till the very end.
You fought in the smoke and you fell with a bright glow.
Your flag, embossed with the lion was waving in the heights
above,
challenging the Turkish aggressors.
You never bent down your head, nor gave up your sword,
you protected your holiness from the shame of surrender,
you blessed our freedom,
and our countless sacrifices you avenged with pride.
Honoured you are, town of ruins and ashes,
horrific memorial of the brave resistance!
Your people were standing strong in the time of hardship,
we celebrate your downfall now,
because you fell in a defeat so great,
that it will remain forever in the holy pages of our history.
Because you are shining with a bright light in the blue skies
alone among the treacheries, alone among the disgrace of
many!
Because you were slain and faced the coffin,
glorious like Prague and Saragossa,
in smoke surrounded and soaked in blood.
Because you alone, was the first one
to be of example how people can sacrifice their lives, without
praying to God,
without crying out: Mercy! – in times of such desperation.
And you, insignificant, dark town, without walls of protection,
without might

и със голи ръце, и без никой вожд,
без минало славно, без примери славни,
що малките правят с великите равни,
ти с твойта смърт страшна и храбри моми
Картаген надмина, Спарта засрами.

Но войската скоро храма окръжава,
отвсякъде ужас и смърт приближава.
И сганта, упита от лакома стръв,
и гладна за блудство, за месо и кръв
изскърца със зъби. Бомбите трещяха
и момите красни с децата пишяха.
Слисаните майки с поглед страховит
блъскаха глави си о голия зид
и падаха, други - с настръхнали власи
във свойте колене душаха деца си.
Във тоя миг Кочо - простият чизмар,
наранен отслабнал и бунтовник стар,
повика жена си - млада хубавица,
на гърди с детенце със златна косица
и рече: "Невясто! виж, настая сеч
и по-лошо нещо... Ти разбираш веч...
Искаш ли да умреш?" - И клетата майка
бледна, луда, няма и без да завайка,
сложи се детето с трептящи ръце
и кат го цалуна в бялото челце,
задтана и рече: "То да е отзади!
Удряй!"...И Кочо ножът си извади
кървав из ггърди и; и чучур червен
бликна и затече, и Кочо втрещен
погледна детето. То плачеше, клето!
"Майка ти не ще е сама на небето!"
Рече и замахна като в някой сън
и възви глава си, пламнала в огън.

and armless, without a guide,
without a glorious past and historical values
to make the smallest equal with the great,
you with your terrific sacrifice and women so brave
are ahead of Carthage in glory and put Sparta to shame.

In a glimpse of an eye the soldiers surrounded the temple,
approaching, bringing fear, tightening the deadliest trap.
And the aggressors, intoxicated by greed and bloodthirsty for
murder and rape,
were grinding their teeth. The explosions were loud and the
young ladies inside were screaming alongside the infants. In
desperation so hard, mothers were bashing their heads on the
stone walls, attempting to lose consciousness, others, in fear so
great were strangling their own children.
In this moment of madness, a man called Kocho who was a
simple shoemaker
and a member of the resistance for a long time, wounded,
weakened from the fight, he called his wife – a young beautiful
woman carrying on her chest their innocent blond child,
and he said: "Dear wife! You can see for yourself now, the
slaughter is upon us and it can only get worse. Do you wish to
die?" The poor woman, pale and on the edge of her sanity,
without making a sound, without shedding a tear, set down the
child with her shaking hands and kissed its milky forehead,
then stood up, saying: " The child will stay behind me! Make it
quick!"...And Kocho took his bloody knife out of his own wife's
chest and a red spring streamed flowing, and Kocho in shock
looked at his crying poor child!
"Your mum will not be left alone in the skies!"
Those were his last words before he swung like it was just a
dream
and he turned his burning head away.

Главицата падна, трупът се затресе
и кръвта детинска с майчинта се смеси.
И Кочо пак рече: Не остана мощ,
но за един удар имам сила йощ!"
И ножът димещи опря с две ръце
право дето тупа негово сърце.
И падна обагрен, грозен, страховит
с отворени очи и със нож забит.

....

....

И храмът ехтеше от моми, невести,
кат падаха в кръвье или във безчестье!

И господ от свода, през гъстия дим,
гледаше на всичко тих, невъзмутим!...

The tiny head fell down and the body was shaking in convulsions
and the blood of the child and its mother, were reunited once again.

"I can't bear this any more, but I have strength left to strike just once more" – these were Kocho's last words and he grabbed his steaming knife and put it right there where his heart was beating. And he fell dead, painted in red, ugly and horrified with wide open eyes and a knife sticking from his chest.

......

......

And the church was echoing the foulness,
of the young women and the virgins who had been raped and killed!

And God, from the skies above, was looking down through the thick smoke , watching silently and witnessing everything with absolute indifference!...

БРАТЯ ЖЕКОВИ

В една ниска плевня, под тъмната стряха
двамината братя укрили се бяха.
Четата отмина. По-старият брат
от треската фанат, разтреперан, бляд,
лежеше на голо в ръка с револвера
и той рече слабо: "Защо тъй трепера!
Животът отива, във огън горйъ.
Под таз плевня тясна страх ме е да мра...
Ще ми се на воля, в боя, на полето
поне да издъхна и куршум в сърцето."
Внезапно на двора се чу шум голям
и глас викна гърлест:"Излезте оттам!"

Стопанинът уплашен гости си обади!
Вчера ги прие той, днеска ги предаде.
Защото страхът е бездушен и слеп,
на малките души - съветник свиреп.
Той е дух, що лази. В тъмното ме царство
подлостта братува с тъпото коварство.
И човек от него е жълт като смин.
И бащата сочи скрития си син,
и майката пуща детето на друма
кат бяга и тихо: "Олекна ми!" -дума,
и не сеща трепет, ни любов, ни жал,
защото душа и страх е завладял.

Но Михаил Жеков, бръз като вихрушка,
става болен,бледен, грабва свойта пушка
и гръмва към двора и вика:"Назад!"

40

THE ZHEKOV BROTHERS

The two brothers were hiding,
under the roof of a tiny barn.
The troops went away. The older brother
was laying down on the naked ground holding a revolver
and looking pale and shaken from the fever. And he whispered:
"Why am I shaking like this!
My vitality is fading, it's burning in the fire.
I'm scared to die in this tiny barn...
I wish I could at least be out there in the wild, on the field,
and die in the fight, shot in the heart by the enemies bullets."
A loud noise came suddenly through the front yard
and a throaty voice was heard shouting: "Get out of there!"

The host in his fear had betrayed his guests!
The day before, he took them in, and today he failed their trust.
Because the fear is soulless and blind,
a cruel adviser for the weak mind.
It is a crawling ghost. In the dark kingdom of villainy,
fear's shifty brother is cruelty.
It makes the men look yellow and ill.
And it makes a father point at his son's hideout,
and it makes a mother leave her child on the street and run
away from it
saying words like this: "I feel better now!", without any sense of
love or regret,
because she carries a soul conquered by the fear.

But Mihail Zhekov, quickly like a whirlwind,
regardless of his illness, stood up on his feet.
He grabbed his rifle an opened fire,
shooting at the front yard and shouted: "Back off!"

И косата щръкна на по-малкий брат.
И турската паплач изрева:"Удрете!"
И битка се почна между враговете.
Дворът веч трепери в гърмежа, в димът.
И двамата братя до входа стойът
с револвери черни и с мъжко решенье
да умрат. Очи им със кръв са налени.
Сърцата им чукат, ръце им треперйът
и пращат във купа и ужас, и смърт.
Плявата е мека, но пропуск не дава.
Куршумите удрят кат о скала здрава.
Боят е неравен: двама срещу сто.
Кат рой ястреби над птиче гнездо,
убийците тичат, реват обикалят
плевнята и пушкат, и в прах се повялат
кат кокошки много, що ги гази мор,
и кръвта се лее по шумния двор.

- Огън дайте скоро! - викна Мустафата
и падна; куршумът пръсна му главата.
- Да запалим! - вика смаяната сган.

И в плевнята скоро проникна думан.
Михаил остана корав като камък,
но брат му отслабна пред близкия пламък.

And the younger brother was scared.
And the Turkish rabble roared with voice: "Take them down"
And the fight began between the two parties.
The courtyard was trembling in the smoke, under the loud
gunfire blast.
The two brothers were standing side by side next to the
entrance,
armed with black revolvers and courage, prepared to give their
lives.
Their eyes were pumped with blood.
With hearts beating like hammers and shaky hands,
the two brothers were fighting, casting fear and death on their
opponents
who were now hiding behind a pile of fodder.
The grass was soft, but not enough for the bullets to hit their
targets.
The pile was bulletproof like a rock.
The fight was unfair, two against a swarm.
Like a wing of hawks above a bird's nest,
the troops of murderers were roaring, shooting and running
around the barn.
And some of them fell dead in the dust like chickens hit by the
plague,
and their blood was streaming down the noisy yard.

Quickly, give me a torch and a fire! – shouted Mustafa
and all of a sudden he was killed by a bullet to his head.
Let's burn them alive! – shouted back the stunned rabble of
soldiers.

And shortly after, the barn was filled with smoke and heat.
Mihail remained calm and stood still like a stone,
but his brother was weakened by the sight of the closing
flames.

- Да се вдадем, рече, тук ще изгорим!
Страшно ме отравя горещият дим! -

Михаил бе страшен. Злобно затрепера:

- Ти не си ми брат бил! - Вдигна револвера
и гръмна в тила му. Братът се простря.

Михаил погледна и рече: - Умря! -
И всред гъстий пушек пак рече: - Ще сваря! -
Гръмна се в челото и падна в пожара.

И две души бели в грозния плам
фръкнаха към бога свободни, без срам.

We have to surrender, he said, we'll burn alive here if we stay any longer!
I can't stand the burning poison of this heated smoke!

Mihail was angry. Shaken by his rage he spoke:

You are not my brother anymore! – he raised his gun
and shot him in the back. His brother dropped dead on the ground.

Mihail looked at him and said: - You are dead!-
And while the smoke was getting thicker, he added: - I still have time for this!-
He shot himself in the forehead and fell dead in the fire.

And those two pure souls flew with the flames to the God, free and in peace.

КАБЛЕШКОВ

Няколко месеца как е ралото паднало от ръцете
им. Предаността към огнището, връзките на
челядта, прелестите на тихия селски живот,
сладките думи на любовниците: любовта към
отечеството замести всичко. Те живеят само за
него. Българио, хвърли своето презрение на
хулителите, които разгласяват, че ти можеш да
отхранваш само роби. Сърцето на тия роби бие с
със силата на петвековните ти теглила!...

"Отечество" - К. Величков

О, Каблешков бедни!
　　Тоз народ поробен
да мисли за слава не беше способен;
игото тежеше на неговий врат,
без да предизвика гордия му яд.
Той беше спокоен. С позор на челото
безропотно, хладно живейше в теглото.
Яремът му беше и родствен, и мил,
понеже се беше със него родил;
от люлката с него в живота бе тръгнал
и на труда беше като вол обръгнал.
Народът бе мирен и почти засмян,
сред робството тежко ходеше пиян,
защото теглото - и то е пиянство
и прави по-мило злото окаянство,
и разумът мъти на простий народ,
и държи го в дрямка, и прави го скот.
Той ядеше, пийше, жнеше по Петровден,

KABLESHKOV

A few months had passed since they left their daily work.
Their bond with the birthplace, the family roots,
all of the goodness of the peaceful countryside life,
the sweet words of their beloved partners: everything was
replaced by love of the motherland.
Their lives belong to her now. Oh, Bulgaria, despise those who
are defaming and spreading the untruth that you are only
capable of raising slaves. The heart of every slave is beating as
one with the power of your five hundred years of suffering!...

"Motherland"– K. Velichkov

Oh, dear Kableshkov!
    This nation of slaves
was incapable of thinking about glory.
The heavy weight of repression was chained to their necks,
but this couldn't arouse anger in them.
He was humble. He was carrying the shame on his forehead,
without protesting, he was passionless, living his miserable life
as a slave.
The heavy yoke became a part of him and his family,
because he was born with it.
From the time he was in his own cot,
he has been dragging this heavy burden and working like an ox.
The people would obey and sometimes even smile.
They were walking drunk through the hardship of slavery,
because repression itself is equal to alcoholism
and it makes the evil misery more appealing,
blurring their conscience and minds,
and keeping them asleep, more like cattle than human beings.
He was eating, drinking, fasting for St. Peter's day,

срещаше Великден, чакаше Гергьовден,
по Коледа весел колеше прасето...

А мъките бяха страшни под небето!
Тираните бесни върлуваха веч.
Полята пищяха от техния меч,
всеки ден от கърви невинни залети,
всеки ден злодейства - хабери проклети:
тук обран търговец, друг - ранили зле,
там орача кървав в нивата нашле -
някой баща беден на седем дечица, -
днес пламнала плевня, утре воденица!
Обири и дъждья, грабеж, произвол!
Сюрмахът без стряха, орачът без вол
остаяха. Турчин беснееше, гладен,
властта беше глуха и съдът продаден.
И нищо по-друго. Робът беше як,
игото влачил е, ще го влачи пак.
И никоя съвест не трепваше гнявно
против туй живене и мране безславно.
И слово свободно и надеждна реч
до никой слух робски не стигаше веч.

Левски бе угаснал преди три години.

И народът спеше. Небесата сини
блещяха със трепет над робския край

celebrating Easter and looking forward to do so for St. George's day,
on Christmas he was happy enough slaughtering a pig…

But all the suffering under the sky was terrible!
The cruelty of a tyrant never sleeps.
These lands were screaming every single day, slain under their heavy swords,
flooded with the innocent blood of many.
Forsaken evidence for the forever lasting villainy.
News of merchants being robbed, or others who have been badly wounded.
A honest ploughman, found dead on the field – father of seven poor children,
today a barn was burned, tomorrow the reports will be about a burning mill!
Robberies and raids, plunder, lawless disorder!
Poor people left without homes, a ploughman left without an ox.
The Turks were raging with greed,
and the authorities were closing their eyes, and the court was corrupted.
Nothing new in the news. The slaves were tough,
they have been dragging the yoke since the beginning and they will continue doing so.
And nobody's conscience would rage
against this miserable life and death.
And the slaves were deaf, refusing to hear the songs of freedom and the words of hope.

Levski had perished some three years ago.

And the people were asleep. The blue skies
were shining above the enslaved country,

и питаха бога: "Докога ще трай
таз земя в теглото и рабските звънци
позорно ще дрънкат и нашето слънце
да свети над нея, а да гледа мрак?
Докога ще дремят, о господи благ?"
Така те мълвяха в пространството чудно.
А народът спеше, спеше непробудно.

Каблешков избухна една вечер тук
и разклати всичко като тръбен звук.

Делото се почна и думата падна
на земя из тайно за свобода гладна.
Дух един потаен навред профърча
и всякоя възраст, пол, класа, душа,
размърда, разбуди като гора спяща,
що тихият вятър внезапно разклаща.
Някой твар незнаен смъкна се тогаз,
сърцата стеснени сетиха завчас,
че стават големи и тупат по-силно
от някакво чувство велико, умилно;
и рабското иго стана изведнъж
несносно и страшно. - Всякой стана мъж!
Идеята бърже поникна, порасна
и като от изток зората прекрасна
облада душите с новия си жар...
Всякой беше бодър: як, слаб, млад и стар,
богатий и бедний под покрива сламен -
всичките горяха от същия пламен
и бързаха нещо да направят там.
От толкоз търпенье усетиха срам.
Всичко кипеше. Великото слово
на сърцата даде биене по-ново,
прежната апатья и хладност, и сън

and asking the God: "Till when will
this world continue to suffer repression,
and will the bells of shame continue ringing
and till when will this darkness remain unreached by the shine
of our sun?
This is how the skies were conversing with the infinite space.
And the people were asleep, deeply.

One night, Kableshkov lost his temper
shaking everything around him like the sound of a horn.

The quest began and the word was spreading
around this land, thirsty for freedom.
A sacred spirit was flying all around,
and every man, regardless of their age, class, or values,
became active and awake, just like a sleeping forest,
suddenly shaken by the breeze.
Their hearts felt lightness and the heavy burden was lifted,
they grew bigger, pulsing with a stronger beat,
driven by a great feeling, dearly gentle.
And the chains of slavery suddenly became unbearable and evil.
Every soul stood up with courage.
The sense of freedom quickly bloomed and grew
and the people's souls were enlightened by the new sunrise...
They were all awakened: the strong, the weak, the young, the
old,
the rich and the poor- they were all inflamed by the same fire
and rushing to act and do something to change their fate.
They also felt ashamed for being patient for so long.

The outburst was all around. The great quest gave a fresh start
to their hearts,
The apathy, the lack of passion and the intoxicated dream, were
all left behind

сега бяха треска, живот и огън.
Усилия, мисли, желания скрити,
към една се точка упътиха всите,
и преображенье внезапно стана,
и бащата смаен сина не узна.
Младежът забрави шума, веселбите
и фана да дири места по-закрити
за срещи потайни...И простий чизмар
въз стола четеше вестника със жар,
със глава подпряна, с изпуснато шило,
и друг път сърце му не бе така било.
И скромний учител във своя урок
фана да загатва за "тиран жесток".
и речта "свобода" да повтаря често.
И всяко сърце и време, и место
духът на борбата изпълваше веч.
За друго тогава не ставаше реч.
Враждите престаха и любов безкрайна
свърза в едно всички кат велика тайна;
всякой бе приятел, всякой беше брат.
Забравиха всичко, щото бе отзад:
зависти, раздори и минало мрачно;
като чрез слияне свещено и брачно,
всички се сдушиха и със веселба
решиха се вече за смърт, за борба.
Едно дело общо, едничка цел свята
вдъхваше душите, сгряваше сърцата.
Въодушевленье нечуто завчас
смая всеки разум, упи всяка свяст!

and replaced with desire, life and fire.
All the efforts, the thoughts and the suppressed feelings
were now aimed at a single goal.
And the people were suddenly reborn,
and the sons were making their fathers proud.
The youth left behind the festivity and the noise,
in search of hidden places to hold secret meetings instead...
And the simple shoemaker, instead of fixing the boots of the
tyrants,
was reading the newspaper with passion
and his heart was beating like never before.
And the humble teacher was giving hints to the students,
exposing the cruelty of the repressors,
and the word "freedom" was now used more often during
classes.
And the rebellious spirit was all around, in every heart, place
and time.
And every topic in every conversation was about revolt and
revolution.
The small conflicts between neighbours were called off and
forgiven, replaced by
true love and respect, that brought everyone together,
everybody became friends and dear to each other like brothers.
Everything was forgiven and left in the past:
the envy, the misunderstanding and the dark offence,
it was like they were bound in a holy alliance.
Precious to each other and all together in a cheer they decided
that it is time to make a deadly sacrifice and stand up as one to
fight back.
The one quest with the single sacred goal
was the only inspiration for their souls, the one burning passion
inside their hearts.
Their thoughts and minds were influenced
from such an excitement, they had never felt before!

Народът живейше със чувство само.
Свободата беше пленила ума му.
Той се бе усетил изведнъж голям
и готов за бунта, и храбър, и сам;
и колосът турски с грамадна си сила
бе за него нищо - империя гнила -
способна да рухне при първия крак...
И тъмна надежда, и сладостен мрак
затуляха всичко - бъдещето бурно
се криеше още в небето лазурно,
явен беше само един идеал
от мечти и светлост образуван цял.
И всичко се друго губеше в мъглата...
Лудостта владейше, умът и главата
от другаде подтик приимаха веч.
Борбата бе близко, близкото далеч...
Очите с очите се срещаха скришно
и да се разбират словото бе лишно.
Тайната бе обща, мракът и нощта
свидетели бяха на много неща;
и кат някой демон подземен и мощен
чукът на ковача не спираше нощем:
желязото меко из светлия жар
излизаше утром на лъскав ханджар;
младите крояха опинци хайдушки,
продаваха всичко, купуваха пушки,
търговците бледи в застоя голям
оловото само продаваха там!
И в избите скришом със шъпот и с глуми
младите хлапаци леяха куршуми.
Булките печаха пексемед тогаз.

The people's lives were now devoted to this one feeling.
Freedom was all they could think about.
All of a sudden they felt greatness,
and willingness to revolt, they were brave and alone.
And the Turkish authorities with their unlimited power,
the people perceived as a minor threat – rotten empire –
that will fall easily under their stomping feet...
And the dark hopes, and the addictive darkness
were cloaking everything – the storm of the future was hidden
behind the calm blue skies.
And the only visible sign was the idea, the dream,
formed by the people's faith for the brighter future.
And everything else lost its meaning...
The insanity of the quest was dominating their thought and
minds,
and they were driven by a newer force.
The revolution was near, and what was near, was far away...
Their sights were meeting, with the look of secrecy,
and they communicate with each other, without using words.
United by the plot, they were acting without a rest,
during the night, and during the day.
Alike an underground powerful demon, the smith's hammer
was blasting the anvil during the night,
and by dawn the soft iron in the bright ember
was forged into a shiny dagger.
The youngsters were knitting new sandals,
they were selling everything they could in order to buy rifles,
and the merchants those days were pale, under the stress of
delivering the so needed lead, without being caught.
And in the cellars, hidden and whispering,
the young lads were crafting deadly bullets.
The women were baking rusk.

Селяните хитри стягаха без глас
черешовий дънер с обръчи железни
и гледаха важно, мислейки се трезни...
И върху гергьофа балканският лев
излазяше златен и зинал за рев.
И с тез сили малки, и с тез средства смешни,
и с тез глави руси, и с тез пръсти нежни,
и с тоз възторг луди, и с тоз дребен стан
искаха да бутнат страшний великан!
И в няколко дена, тайно и полека
народът порасте на няколко века!

The crafty countrymen were reinforcing cherry- tree logs, by
tightening around them iron hoops and competing with each
other, who would build the best cherry cannon.
And with their insignificant power, and limited resources,
and blonde hairs and fragile fingers,
and wild enthusiasm and tiny camp,
they were willing to confront the giants!

And in just few days, secretly and gradually,
the nation was put back together as it was several centuries
ago.

ПАИСИЙ

О, неразумне и юроде! Поради что се срамиш да се
наречиш Болгарин?...
Или не са имали Болгаре царство и господарство?
Ти, Болгарино, не прелщайся, знай свой род и
язик..."

Паисий (1762)

Сто и двайсет годин... Тъмнини дълбоки!
Тамо вдън горите атонски високи,
убежища скрити от лъжовний мир,
место за молитва, за отдих и мир,
де се чува само ревът беломорски
или вечний шепот на шумите горски,
ил на звона тежкий набожнийят звън,
във скромна килийка, потънала в сън,
един монах тъмен, непознат и бледен
пред лампа жумеща пишеше наведен.

Що драскаше той там умислен, един?
Житие ли ново, нов ли дамаскин,
зафанат от дълго, прекъсван, оставян
и пред кандилото сред нощ пак залавян?
Поличби ли божи записваше там?
Слова ли духовни измисляше сам
за във чест на някой славен чудотворец,
египтянин, елин или светогорец?
Що се той мореше с тоя дълъг труд?

PAISII

"Oh, you foolish and careless being! Why are you ashamed to
call yourself a Bulgarian?...
Will you deny that the Bulgarians had a kingdom and authority?
Don't lead yourself to this delusion - know your language and
your roots..."

Paisii (1762)

One hundred and twenty years... Deep darkness!
In the deep woods of Mount Athos,
there was a sanctuary, hidden from the world's contradictions,
a place for prayers, rest and peace,
echoing the roaring sound of the Aegean sea
and the forever lasting whisper of the forest,
or the ceremonial ring of a vesper bell,
in a tiny chamber where the clock sleeps an eternal dream,
a dark monk, pale and mysterious
was sitting in front of a flickering lamp and writing something.

What was he drawing over there, alone and lost in his
thoughts?
A biography of some sort, or a new religious script,
an old work of his own, abandoned, left behind
and then renewed in front of the candle in the middle of the
night?
Were these writings about God?
Were these words original, that he was putting down to glorify
a saint,
or an Egyptian, or an ancient Greek, or someone local from
Athos?
Why was he so dedicated to this volume?

Ил бе философ? Или беше луд?
Или туй канон бе тежък и безумен,
наложен на него от строгий игумен?

Най-после отдъхна и рече: "Конец!
На житие ново аз турих венец."
И той фърли поглед любовен, приветен
към тоз труд довършен, подвиг многолетен,
на волята рожба, на бденьето плод,
погълнал безшумно полвина живот -
житие велико! Заради което
той забрави всичко, дори и небето!
Нивга майка нежна първенеца свой
тъй не е гледала, ни младий герой
първите си лаври, ни поетът мрачен
своят идеал нов, чуден светлозрачен!
и кат някой древен библейски пророк
ил на Патмос дивний пустинника строг,
кога разкривал е въз гладката кожа
тайните на мрака и волята божа,
той фърли очи си разтреперан, бляд
към хаоса тъмний, към звездния свят,
към Бялото море, заспало дълбоко,
и вдигна тез листи, и викна високо:
"От днеска нататък българският род
история има и става народ!"

Нека той познае от мойто писанье,
че голям е той бил и пак ще да стане,
че от славний Будин до светий Атон
бил е припознаван нашият закон.
Нека всякой брат наш да чете, да помни,
че гърците са люде хитри, вероломни,

Maybe he was a philosopher? Or just insane?
Or this was a heavy canon, a work of madness
assigned to him by his strict abbot?

He stopped, and spoke in relief: "The end!
I have finished this chronicle of life."
And he looked at it, filled with love and joy
to this completed work, achievement for his long devotion,
a product of his will, the fruit of his care,
for which he committed half of his life here on this earth-
this was a chronicle of such a greatness! He had left
everything behind because of it, including the heavens!
He raised his writings with such care, greater than the one a
mother could give her new born child, greater than the one a
young hero would give to his first glorious achievements and
greater than the one a poet could give to his new wonderful and
bright characters!
He felt very much alike the great ancient prophet of Patmos,
while scripting the Bible and reviewing the secrets of darkness
and God's will.
He looked with his eyes to the dark chaos, to the stars, to the
sleeping sea of Aegea
and he raised those papers and shouted:
"From this day forth, the Bulgarian people will have evidence of
their history and origins,
and thus they will become a nation!"

"Let them know from my writing,
how great they were and how they will become great once
again,
how their mighty laws were respected from the lands of Budin
to the woods of Athos Mount.
Let every brother of ours read and remember,
because the Greeks are vile, but clever,

че сме ги блъскали, и не един път -
и затуй не можат нази да търпът -
и че сме имали царства и столици,
и от нашта рода светци и патрици;
че и ний сме дали нещо на светът
и на вси Словене книга да четът;
и кога му викат:"Българину!" бесно,
той да се гордее с това име честно.
Нека наш брат знае, че бог е велик
и че той разбира български язик,
че е срам за всякой, който се отрича
от своя си рода и при гърци тича
и своето име и божия дар
зафърля безумно като един твар.
Горко вам, безумни, овци заблудени,
със гръцка отрова, що сте напоени,
дето се срамите от вашия брат
и търсите пища в гръцкия разврат,
и ругайте грешно бащини си кости,
и нашите нрави, че те били прости!
Та не вашто племе срам нанася вам,
о, безумни люде, а вий сте му срам!

Четете да знайте, що в стари години
по тез земи славни вършили деди ни,
как със много кралства имали са бран

and they have been defeated by us, not just once,
and this is why they don't like us.
We had many kingdoms and great capitals,
and many saints and patriarchs with Bulgarian blood.
Let them know and remember about our contribution to this
world,
that we were those who gave letters to the Slavs and taught
them how to read.
And next time, when someone tries to be offensive, saying:
"You Bulgarian!"
let them know and remember, that this is a title to be proud of.
Let all of our brothers know that God is all mighty
and he understands, when the holy words are spoken in
Bulgarian language.
and everyone has to be ashamed, when denying their Bulgarian
roots
and running away to the Greeks, disclaiming their Bulgarian
name, this gift from God.
Life will be bitter for you, oh foolish herd of sheep,
the Greeks are feeding you with poisonous lies
while you are ashamed from your true brothers
and looking at the Greek's immorality in order to find greater
values,
and it is a sin, when you are swearing at the bones of your own
ancestors,
and criticising our heritage and traditions, claiming that they
are savage!
And you, foolish people, are ashamed of your own tribe,
when in fact, it is your own tribe that is ashamed of you!

Read and gain knowledge about your ancestors
and their steps in those mighty lands,
about the vast borders that they had to defend from the other
kingdoms,

и била велика българска държава;
как свети Борис се покръстил в Преслава,
как е цар Асен тук храмове градил
и дарове пращал; кой бе Самуил,
дето си изгуби душата във ада,
покори Дурацо и влезе в Елада;
четете и знайте кой бе цар Шишман
и как нашто царство сториха го плян;
кой би Иван Рилски, чийто свети мощи
чудеса се славят до тоя ден йоще;
как се Крум преславний с Никифора би
и из черепа му руйно вино пи
и как Симеон цар угрите прогони
и от Византия приема поклони.
А тоя беше учен, философ велик
и не се срамеше от своя език
и кога нямаше кого да надвива,
той пишеше книги, за да си почива.
Четете и знайте, що съм аз писал,
от много сказанья и книги събрал,
четете, о, братя, да ви се не смеят
и вам чужденците да не се гордеят..
На ви мойта книга, тя е вам завет,
нека де преписва и множи безчет
и пръска по всички поля и долини,
де българин страда, въздиша и гине.
Тя е откровенье, божа благодат -
младий прави мъдър, а стария - млад,
който я прочита няма да се кае,
който знае нея, много ще да знае."

Тъй мълвеше тоз мъж, в килията скрит,

about the Bulgaria Empire and its greatness, power.
How Boris was baptised in Preslav,
and how Asen was building churches of such importance,
and how Samuil fought his way to Durazzo, losing his soul in
the hell fire while invading Greece.
Read and gain knowledge about Tsar Shishman and the
fall of our kingdom under the Ottoman rule.
And Ivan Rilski, whose holy powers and miracles are well
known to current days.
How Krum, the great king, slew Nicephorus and drank wine
from his skull,
and how Tsar Simeon banished the Magyars and Byzantine was
bowing to him.
And Simeon was a man of knowledge, a great philosopher,
and he was not ashamed of his language,
and in times of peace, in order to let go, he was writing a book.
Read and gain knowledge from what I have written,
a factual collection of many scripts, books and sources,
read, oh my brothers, and don't let the jokes be on you,
and don't let the foreigners get too proud of their achievements.

I'm handing over my book, it is dedicated to you,
make copies of it and multiply them countless times,
and spread them to all directions and lands,
where the Bulgarians are suffering, sighing and dying in misery.
This book is true and honest, a gift from God –
the young readers will become wiser, the old ones will become
younger,
there will be no regrets for those who read it,
and whoever becomes familiar with its content will be
rewarded with a knowledge so great."

These were the words, said by this great man, hidden in his tiny
chamber,

със поглед умислен, в бъдещето впит,
който много бденья, утринни пропусна,
но пачето перо нивга не изпусна
и против канонът и черковний звън -
работи без отдих, почивка и сън.

Тъй мълвеше преди сто и двайсет годин
тоз див Светогорец - за рая негоден,
и фърляше тайно през мрака тогаз
най-първата искра в народната свяст.

who had thoughts and visions about the bright future,
who had missed most of the morning services in the temple,
but he never left the quill to rest
and instead of following the canon and the church's bell,
he was working night and day.

These were the words, he said some hundred and twenty years ago,
this wild man of Athos Mount – unworthy for the Heavens,
who was carrying a flickering candle through the darkness of this age,
to give at least one spark and inflame the Bulgarian national consciousness.

БРАТЯ МИЛАДИНОВИ

Попейте ми, красни македонски деви,
попейте ми ваште невинни припеви,
втъкнете си китки, пратете ми клик
на вашия кръшен и звучен язик.
Треперяйки сладко, аз ще да ви слишам
и към вас ще фъркам и ще да въздишам
ведно с тиха Струма, ведно с мътний Дрин,
ведно с ека жалний, що праща Пирин;
летете, ехтете, песни македонски,
печални кат песни на бряг вавилонски,
сдружени с въздишки и с оковен звън,
дигайте, будете от гробния сън
тез спомени стари, тез преданья вети,
що кат сенки чудни пълнят вековете:
юнаци измрели без гроб, без венци
за хорска свобода паднали борци,
орляци левенти, дружини отбрани,
покрити със слава, със кърви и с рани,
наредени мълком, готови за бран,
окол Крали Марка - вечен великан!

Дивний Крали Марко! Всеславянска славо,
на тъмни фантазий създанье мъгляво,
Ролан македонски, заветен и мил,
ти векове с твойто име си пълнил!
По кои полета, по коя пустиня -
ти не си размахвал сабя дамаскиня?
Де не се е мяркал твоят страшен стан?
Къде не си мятал златен боздуган!

MILADINOV BROTHERS

Sing me a song, oh beautiful Macedonian virgins,
sing to me your chants of purity,
put flower garlands on your heads, send me a message
in your soft and elegant language.
I'll be listening with a sweet thrill
weightless, I will fly to you and sigh
in unison with the still waters of Struma river.
in unison with the cloudy Drin river,
in unison with the echoing mountain of Pirin.
Be free, oh Macedonian songs,
sad, like songs sang on the shores of Babylon,
united by a sigh and the ringing chains,
rise up and awake those sleeping memories, long forgotten
legends,
terrific shadows from the past.
Awaken the dead heroes who were killed, but never found a
grave to rest,
those brave men, who fought for the people's freedom,
surrounded by honour and wounded, covered in blood,
those were the personal soldiers of King Marko – the immortal
giant!

Your highness King Marko! The greatest of the greatest from all
Slav people,
a mystical creature born from fantasies, strange and unknown.
For centuries, your name has been an inspiration, a testament
to Macedonian folklore!
Is there a land on this world, that you haven't conquered with
your sword?
Or a place where your war camp has not been seen?
Is your golden mace unknown to someone?

Де не си се борил с Муса Кеседжия?
Де не си препускал коня Шарколия?
В коя скала здрава, във кой камък як
диря не остави грамадний ти крак?
От Белграда до Прилеп, де в глуха пещеря
турят ти въртопа тъмните поверья,
до Кукуш печални и до Хеликон
призракът се носи на черний ти кон
и се мярка твойта неизмерна сенка.
Коя ли бе тая баснословна ненка,
що откърми тоя дивен исполин -
с един крак на Емус, с другий - на Пирин?!

Летете, о , песни, спомени големи,
въздишки последни за бившето време!
Пейте ги, девици, при Пинд и при Шар,
пейте ги при Струга, град хубав и стар,
дето се родиха двата Миладина,
на Македония двата верни сина.

Във влажни тъмници, пълни с мрак, вони,
помежду вековни и потни стени,
гниеха два братя, в окови два роба,
кат два живи трупа, фърлени в два гроба.
Векове минаха!...От слънце заря,
нито от надежда до тях не огря!
Проклети бъдете, о тъмници влажни!
Колко вий стопихте, сърца, сили снажни,
колко зли насилья, жъртви, младини
погълнаха ваште смрадни глъбини!

You fought with Musa the Outlaw, didn't you?
Is there a solid cliff or a stone that hasn't got a mark from your
gigantic feet?

From Belgrade to Prilep,
your name has its place in the local traditions and myths,
as far as Kukush and Helicon
your ghost is floating at the back of your black horse,
casting shadows of such greatness.
Who was his brave mother that raised him – this distinctive
child, whose fame is known from the Balkan mountains to the
mountains of Pirin?!

Fly away, oh songs, great memories,
last descendants of the past!
Keep singing, oh virgins, sing at Pingus,
sing at Sharr
sing at Struga, this town so beautiful and ancient,
the birth place of Miladinov brothers,
the two most honoured sons of Macedonia.

In a damp dungeon, surrounded by darkness and stench
behind the sweaty walls, chained like slaves,
the two brothers were left to rot alive,
like two corpses, still breathing, thrown in two separate
coffins.
A long time had passed!...A long time without seeing the sun, all
hopes were lost!
Be damned, oh you forsaken mouldy dungeons!
Your victims are countless, you took away their hearts and the
strength from their youth,
how many were those young poor souls who perished under
the unbearable tortures,
lost forever in the filthy stench of your tunnels!

Димитрий бе влязъл пръв у свойта бездна.
Константин по-после кат него изчезна.

Защото в един век, за правдата глух,
разбуждаха смело народния дух
и на братя родни чрез родното слово
те готвеха битви и бъдеще ново;
защото те първи усетиха срам -
туй велико чувство, и в глухия храм
сториха да екнат химни ясни богу
на язик, погребан от векове много;
защото казаха: "Народ сме велик
и господ познава нашият язик!"
И викнаха силно: "Мразиме хомотът
позорен и мръсен на фанариотът!"
Защото смеяха, без да ги е страх,
с силний да се борят и не бе ги грях
да пропаднат жъртви заради народа
с тия сладки думи: наука, свобода;
защото сбираха песни по цял край,
тъй както при Тунджа момите през май
триндафили сбират и в кошници гуждат,
затова по-рано от сън се събуждат;
защото увиха китка миризлива
от здравец и росен, и от клас на нива;
защото от всите гори и реки
седенки и сватби, хора и тлъки
напевите сбраха, въздишките сляха,
на седата старост в паметта копаха;
защото струпаха в един общи тон,
всичко що бе отзив, припев, звук и стон,
затова една нощ патрикът нахлузи
свойто черно расо и злобно каза:
"За тез два хайдука трябват железа."

Dimitar was first, entering this bottomless abyss.
Konstantin was next, disappeared just like his brother.

Because, in those unfair days,
they were brave enough to support the national uprising
and to help their comrades, using the same language as them,
the two brothers were establishing a new, brighter future.
Because they were the first who felt ashamed -
this feeling so great, and entering the abandoned church, they
filled the air
with echoing hymns, singing clearly to God in a language buried
and forgotten a long time ago, saying : 'We are a Great Nation
and God understands our language!'
And they shouted loudly: 'We hate this yoke of disgrace and
filth!'
Because they had the willingness to stand up without fear and
confront the powerful opposition, and they were not sinister
when falling, defending their own nation, history and
independence.
Because they were collecting songs from the folklore all around
them,
just like the virgins of Tundzha river, who are picking flowers,
and carefully placing them in their knitted baskets,
and for this ritual, they had to wake up early, before anybody
else.
Because they were harvesting the chants from the woods and
the rivers, all the local community gatherings and weddings
and what was left in the memories of the old people.
Because they published all their findings in a volume,
and because of all this, one night the evil bishop put on his
black robe and spoke with envy:
'I want these two outlaws chained in iron'

И ето защо са днеска оковани,
и в тия тъмници живи закопани.

Дълго те търпяха. Тъмничният смрад
отравяше бавно животът им млад.

Везапно известье за милост довтаса.
И Фенер, котило на ехидна раса,
гняздо на кощунство, на леност, на блуд;
Фенер, по срама си позорно прочут;
Фенер, от където през векове цели
разврат и мъртвило в света са се лели
и който забули всичкия възток
с една гъста мрежа и никой тълчок
на духа не даде нито мисъл нова
на човека, паднал във дрямка сурова,
без вяра в борбата и без идеал;
Фенер при такваз вест потрепера цял
и уплашен рече:"Друг е божий съд!
Тия два убийца трябва да умрът!"
И кат се прекръсти, прати им отрова.

Нощта бе студена, мрачна и сурова.
На заранта рано тъмничния свод
огласиха думи: милост и живот!
А бедните братя в предсмъртни страданья
изпущаха свойте последни стенанья.
И вече обзети от гробния хлад,
те пращаха сбогом на божия свят
и шушняха тихо с гаснееща сила:
"Как много те любим, Българио мила!"

So, this is why they are jailed,
and buried alive in those forsaken dungeons.

They didn't give up easily. The stench of this underground jail
was slowly poisoning their young lives.

A letter of hope arrived, a notification for their immediate
release.
But Fener, this nest, home of a two-faced race,
breeding place of barbaric and slothful morality.
Fener, your shame is so disgracefully famous.
Fener, you are a historical source of depravation and filth,
you have stolen the sun and the air,
from those souls who wanted to wake up and breathe,
from those people who were seeking the path of rebellion,
hoping to find the real values of their lives.
Fener was shaken and scared when the news for the release
arrived, saying in fear:
'God wills otherwise! The two murderers will have to die!'

And giving the sign of the cross, to honour the God, while giving
them poison.

The night was cold, dark and harsh.
Early at dawn, the dungeon's tunnels were echoing the words:
mercy and life!
And the poor brothers were nearly dead, whispering their last
words in agony.
The deadliest chill of the inevitable end was all around them
and they were slowly
fading. Their last words of farewell were nearly silent:
'How much we love you, Dear Bulgaria!'

РАКОВСКИ

Мечтател безумен, образ невъзможен,
на тъмна епоха син бодър, тревожен,
Раковски, ти дремеш под бурена гъст,
из който поглежда полусчупен кръст.
Син, дреми, почивай, ти, който не спеше,
ти, кой беше вихър, котел, що кипеше
над някакъв злобен, стихиен огън.
Спи! Кой ще разбужда вечния ти сън?

Природата веща беше се сбъркала:
тя от теб да стори гений бе искала,
затова в глава ти като в една пещ
фърли толкоз пламък и възторг горещ,
но друг таен демон се намеси тамо:
ти стана създанье от крайности само,
елемент от страсти, от злъчка и мощ,
душа пълна с буря, с блясък и със нощ.
Твойта вражда беше вражда сатанинска,
твойта любов беше любов исполинска,
любов без съмненье, без свяст, без предел,
що кат кръст огромен ти беше понел.
Твоят символ беше: смърт или свобода,
сънят ти - Балкана, кумирът - народа,
народа с безчестье и с кърви облян.

Твоят живот целий беше един блян!

Ти гледаше бледен в бъдещето скрито.
Ти се вреше дръзко в миналото срито

RAKOVSKI

A man of limitless dreams, an unreachable figure,
A powerful son of the dark ages, unrestful,
Rakovski, you are dreaming now, under the weeds,
where your broken cross is barely visible.
Keep dreaming and resting, son who never sleeps,
who was a fury, cauldron of boiling waters.
Sleep! Who will ever dare to wake you up from your eternal
dream?

Mother Nature was upset,
she had plans for you, to create a mastermind from your being,
and this is why she put the flames and the burning passion
inside your heart,
but something went wrong, a strange demon interrupted her
fair means,
and you became a creature of controversial nature,
an element, forged with passion, anger and might.
a stormy soul of brilliance and darkness.
Your hatred was only equal to that of Satan,
your love was only equal to that of the gods,
unconditional love, pure, insane and beyond measure,
a huge burden only equal to the burden of Christ.
Your motto was: freedom or death,
Your dreams were about the Balkans,
your thoughts were about the people,
this forsaken nation covered in blood.

Your entire life was just a dream!

You had the confidence and the vision about the future,
you were not scared to turn around the past,

и оттам влечеше кат победен знак
векове от слава, затулени в мрак,
за царе, юнаци вълшебни преданья,
обраснали с плесен старинни сказанья;
твоят орлов поглед виждаше навред
от българска слава останки безчет
и в тъмна ни древност, бездънна провала,
ти вкарваше смело вселената цяла.
Нищо невъзможно за теб не оста.
Ти даваше образ на всяка мечта.
На неми загадки, сфинкси безответни
предлагаше твойте въпроси заветни;
исторьята, мракът, времето, редът
не значеха много в големий ти път;
ти иска да бутнеш, о дух безпокоен,
нещастен мечтател, апостол и воин,
в един час делото на пет векове.
Чухме ние твойте горди викове,
когато при Сава и при Дъмбовица
викна пръв "Свобода! Сяйна е зорница!"
И ту с перо остро, ту с гореща реч
надеждите сейше на близ и далеч.
Един само буден сред толкова спящи,
ти един за всички като демон бдящи
работи, бори се, стреска, вълнува,
тук мъдрец замислен, там луда глава,
мрачен узник в Стамбул, генерал в Балкана,
поет и разбойник под съща премяна,
мисъл и желязо, лира и тръба:
всичко ти бе вкупом за една борба.
Исторйята има да се позамисли
във кой лик безсмъртен тебе да причисли.

Ти умря. И пътят към гроба ти ням

in search of inspiration, victorious signs,
glorious centuries, long time forgotten,
magical myths of kings and heroes,
ancient fairy tales, covered in mould and darkness.
You were able to see a bigger picture with your eagle eyes,
the countless remains of the lost Bulgarian glory and might.
You were able to imagine the entire universe.
For you, there was nothing impossible.
You were able to turn every dream you had into reality.
You were always questioning the unsolved riddles of this
world,
Always putting history to the test, the unknown, both time and
space.
Oh, restless spirit, unfortunate dreamer, apostle and warrior,
you wanted to bring down in one single push,
all that was done for the past five hundred years.
We heard your glorious voice, when you first shouted:
"Freedom! The future is bright!"
And your writings and speeches were like seeds of hope,
planted near and beyond.
One awakened man among the rest who were sleeping,
you alone dedicated your life and peace, and fought in the name
of the entire nation.
A wise man lost in thought at this moment, and those next you
were in fury,
you were a prisoner in Istanbul and general in the Balkans,
a poet and a thief under the same disguise.
Mind and steel, harp and horn.
All in one for the quest.
The historians are challenged to decide
where to put your immortal name in their chronicles.

You perished! And the path leading to your grave is covered
with weeds

обрасъл е вече със бурен голям,
и прахът ти гние без сълзи набожни...
Не зарасна само, герою тревожни,
проломът широкий, който ти тогаз
в бъдещето тъмно отвори за нас!

and your ashes are fading, never been soaked with tears of grief...
But your testament was not forgotten, oh restless hero, and now we can see through the darkness into the bright future!

КАРАДЖАТА

И търсят духа на Караджата!
Ботев

Бунтът бе помазан. В горските усои
паднаха убити всичките герои.
Сам Хаджи Димитър между них оста,
защото числото надви храбростта.
Първото движенье, първата дружина
дойде като буря, като сън премина -
метеор невиден в една тъмна нощ.
Букаците диви трепереха йощ
от гърма на боя, от таз нова дума:
"Свобода", що мина из тяхната шума,
и екът разнесе като един дъх,
от урва на урва и от връх на връх,
дето снегът мята бяла си покривка.
Юнаците спяха без гроб, без завивка,
на връх планината. Ни един от тях
боя не остави, не усети страх,
защото когато Дунава минаха,
кръстосани саби мълком целуваха,
защото на всички в гордите души
свободата сила и кураж внуши.
Командата беше: на месо удрете!
Лозинката беше: момчета, умрете!
И гордият Ванков издигаше с гняв
из дима високо свиления лев.
И смъртта беснейше на сганта из роя,
и стотина турци паднаха във боя.

THE KARADJA

And they were looking to find the spirit of The Karadja!
Botev

The revolt was crushed. All of the heroes were killed in the
woods.
Only Hadji Dimitar was still breathing,
because the hordes had slain the brave.
The first armed quest, the first fellowship,
came upon these lands like a sudden storm,
and hastily passed through like a dream,
like a flashing meteor falling off the night sky.
The beech trees were still shaking from the gunpowder blasts
of the fight,
from the echo of this new word: "Freedom" that just passed
through their foliage.
And the waves were carried away with the air to each and
every corner,
reaching the snow covered mountain tops.
The brave fellows were buried under the mountain snow,
without coffins and graves. None of them retreated the fight, or
felt scared,
because when they crossed the Donau river,
they've kissed their swords,
because their brave souls were empowered and encouraged by
their will for freedom.
Their objective: shoot to kill!
Their motto: Boys, don't be afraid of dying!
And the proud Vankov
raised the lion flag, high above the smoke.
And the death took hundreds of lives from the enemy lines.

Пашата уплашен и с навъсен лоб
изпрати сто пушки срещу един роб,
и хиляди вълци срещу една чета,
минала кат сянка по тия полета...
И момците наши умряха със чест...

Митхад бе доволен от такава вест.

В тоя час вълците, кои мърша търсят,
с крак гърди им ровят и меса им късат;
и гладните орли, оплескани с кръв,
в мъртвите им очи удрят своя клъв;
и мухите златни в бръмчащи рояци
лакомо налитат немите юнаци,
изложени голи под слънчевий жар.
Митхад бе доволен. Пантер див и стар,
той бе победител. И снага му гнила
потръпна от радост. Той дигна бесила
по всичките ъгли и настана плач:
и тръпки побиха бедният орач
пред тия плашила нови и проклети.
Децата пищяха от ужас обзети,
и горките майки дишаха едвам,
дорде да познаят кой се люшка там.
Страхът беше общи. Тъмниците бяха
наблъскани. Вредом младежи висяха:
едни мряха в гърчки, други с образ син,
трети - от страх мъртви - жълти като смин,
сякаш бе настала смърт и черна чума.
Брат не смейше с брата дума да продума,
синът от баща си трепереше бляд
измяната - призрак из тъмният ад,
шушнеше зловещо и ужасът сейше,
въжето неспирно се с нещо люлейше.

The leader of the Ottoman armed forces was scared
and he sent new reinforcements of hundred rifles and a
thousand wolves
to fight against the brave fellowship of few.
And our boys were slain and died with honour...

Midhat was pleased by the good news.

The wolf pack was looking for the carcasses
of the fallen eagles, digging with their feet inside their chests,
ripping off their flesh and pecking their eyes.
And the golden buzzing flies were swarming
around the breathless bodies, left naked under the burning sun.

Midhat was pleased. This old and wild panther,
the victory was his. His aged body was shaking with
excitement and joy.
He placed gallows all around the area and summoned the
sorrowful:
and the poor ploughmen were horrified
by the sights of those forsaken scarecrows.
The children were screaming, possessed by the horror,
and their poor mothers could barely breathe,
they came to recognise their hanged sons.
Everyone was scared. The prisons were overcrowded.
The youth was hanged all around the land:
some of them died in agony, others with pride,
the rest were slain by the fear,
this black plague.
And brothers couldn't trust each other any more,
and the sons were scared of their own fathers.
Those lands were haunted by a treacherous ghost,
this hellish creature, creepy underground whisper,
sowing the seeds of fear.

Страхът бе на всички лицата вапцал
и своя зловещи печат бе им дал.

В това подло време в балканските габри
войските фанаха Караджата храбри.

Той беше юнака с горещата кръв,
Караджата храбри, във битките пръв,
мъдрец във съвета, орел в планината,
за четата гордост, слава на борбата,
на Хаджи Димитър съратник и брат,
като него храбър, като него млад.
Чувства се велики в двамата горяха,
на същото знаме служители бяха,
на същата мисъл - жив образ и плът.
Един бе главата, другият - умът,
един беше вожда, другият - кърмачът,
към смъртта готови еднакво да крачат.

Караджата беше свързан, окован,
окръжен от мръсна и свирепа сган
кръвници, остатки от разбити орди,
що го на въжето завлачаха горди.
Самси от борците боя преживял,
разбит, злополучен, с кръв оплискан цял,
като лъв ударен, кой кръвта си губи,
Караджата гордо, сред смехове груби,
вървеше замислен към позорний стълб -
елемент ужасен в народната скръб.

The rope was never empty, hanging day and night.
The faces of the people were all stamped with the horrifying
mark of the fear.

During those days of treason,
The brave Karadja was captured by the Ottoman troops,
somewhere in the Balkan mountain.

He was a brave and passionate hero,
he was first entering a fight without fear,
his wise opinion was always honoured and he was an eagle in
the mountain,
the fellowship was proud to have him in their lines
and for the quest he was a symbol of glory.
He was Hadji Dimitar's closest companion and brother,
just as him, young and brave.
They shared the same great burning passion,
and they were both serving the same flag and cause,
and they were both powerful symbols of the movement for
freedom.
One was the leader, the other was the mind,
one was the chief, the other was the arbiter,
and both were ready to march together in the face of death.

The Karadja was tied and chained,
surrounded by a filthy and bloodthirsty mob,
wretched remains of a crushed squad,
and they dragged him along, feeling proud of their catch.
He was the only one who survived after the gunfight,
fallen, unfortunate and all covered in blood,
like a wounded lion whose life is fading.
The Karadja was proud and lost in his thoughts,
he was walking towards the disgraceful pillar,
while the soldiers were laughing at him.

Тълпата край него метежно ревеше
и на всяка крачка повече растеше.
Солдатите груби не сещаха жал,
децата по пътя фърляха му кал,
а една кадъна чехъла извади
и с бяс въз лице му три удара даде.
Той вървеше мрачно, спокоен и глух
на псувни, обиди; силният му дух
летеше към боя, де бяха остали
другари заклани, мечти, идеали...
Той виждаше ясно бунтовния лев,
летещ над глава им и готов за рев,
и горите красни, и оназ природа
широка и чудна и пълна с свобода,
и Хаджи Димитър цял в кърви облен,
който му ревеше: "Що се вдаде в плен?
Караджа, без тебе не умирам ази!"
Кога до въжето той се дотътрази,
очи му светнаха с небесен светлик,
той наду гърди си и нададе вик
и сганта утихна и занемя даже,
за да чуй по-харно какво ще да каже
последний въстаник за последен път.
Защото във тез дни на ужас и смрът
при многото подлост, предателства, глуми
казваха се често и големи думи -
из някои силни, големи сърца;
защото сред тия сплашени лица
понякога взорът срещаше титани
на челата с тайни слова начъртани
кат останки славни от друг някой род,
не останал вече под божия свод.

People gathered around him cursing
and the crowd grew with each and every step he made.
They were rude and had no pity for him,
The children on the road were throwing mud in his face,
a Turkish wife came forth from the crowd raging, took her sandal off
and hit him three times in the head.
He continued walking, calm and unchallenged
by the people's curses, insults,
his spirit was elsewhere,
where his fellows, dreams and values were slaughtered...
He could clearly see inside his imagination, the uprising lion,
flying above their heads and prepared to roar,
the beautiful forests and the vast mythical sceneries of this
country, filled with freedom,
and Hadji Dimitar all covered in blood,
who was shouting at him: "Why did you let yourself be captured?
I will not let myself die without you, Karadja!"
And when he reached the gallows,
his eyes shined with the bright of the skies above,
he took a deep breath and raised his voice
and the crowds became quite, nearly silent,
so they could hear better, what was he going to say,
this last revolutionist for a last time.
Because in those days of horror and death,
among all the violence, treachery and lies,
words of wisdom and truth were often said
from those men with big hearts.
Because among those frightened faces
someone, sometime could see the hidden figures
of great men, covered with secret,
successors of an ancient kin
no longer existing in this world.

И ето що каза тогаз Караджата,
с поглед към народа и към небесата:
"Прощавайте, братя, отивам сега!
Отивам в душата с голяма тъга:
не умрях в Балкана от моите рани,
затова сте вие тука днес събрани.
Сълзи не ронете за мен тоя път,
ами се гответе и вие за смрът,
защто настанаха нови времена,
в кои на кръвта се не дава цена
и гробът е по-мил, нежели позорът
за всички, що мислят и честно се борят.
Не съм аз последен и не съм аз пръв,
дето тъй умирам. Българската кръв
реки ще се лее!... Смърт или свобода!
Беснейте, тирани, но жив е народа.
Юнаците с нази не ще се скратйът,
нашта смърт ще вдигне други да мрът:
за едного триста, за двама хилядо.
Чуйте ме, тирани! Ний сме племе младо,
искаме свобода, няма да се спрем,
ще се борим с вази, ще морим, ще мрем
та пак да възкръснем! Бъдещето цяло
аз го виждам ясно като в огледало,
скоро ще да рухне зверската ви власт,
за бой, отмъщенье, за смърт, за свобода...
Но ази умирам!... Да живей народа!...
Смърт или свобода!"

И кога се люшна из въздуха он,
то хиледи гърди издадоха стон
и дълго йощ време там под небосвода

And here's what the Karadja said,
looking at the people and the skies:
'Forgive me my brothers, now I'll die!
I'll carry away with me the great sorrow of my soul,
I didn't lose my life in the Balkans, bleeding to death of my
wounds,
and this is why you are now gathered here.
Don't shed tears for me this time,
but you too have to get ready to die,
because the times have changed,
and the blood is no longer precious
and the coffin is of a greater value
for those who are awakened and fighting for the truth.
I'm not the last one and I'm not the first,
to die in such a way. Rivers of Bulgarian blood will be spilled!...
Freedom or death!
Tyrants, you can rage as much as you want, but the nation is
awake now.
Our dark fate won't scare the brave hearts of the men,
and our death will influence others, to rise up and die.
Hear me, tyrants! We are a young tribe,
we want freedom, we won't stop,
we will fight against you, to kill and to be killed,
and to rise again! I can see the future,
clear as a reflection in a mirror,
very soon your cruel regimen will fall,
fight, revenge, death, freedom...
But I'll die now!...Long live the nation!...
Freedom or death!'

And when he swayed on the rope,
a thousand chests sighed
and there, under the blue skies,

кънтяха тез думи: "Свобода, свобода!
Смърт или свобода!"

his last words were still echoing:
"Freedom, freedom!
Freedom or death!"

1876

Брацигово падна подир славни битви.

Както вред, борбата почена с молитви,
с надежди и песни и свърши с погром.
Батак се предаде, уви, пълзешком,
Копривщица легна при първата буря,
топът черешови не спаси Клисура
с високите урви; бледната зора
видя в кръв и в пламък Средната гора.
Панагюрци храбри след десет дни горди
откриха вратите на мръсните орди;
Каблешков-героят, таз душа вулкан,
биде фанат пленник чрез един аркан
от селяне прости, и лъвът Бенковси,
туй смешенье странно от Левски и Раковски,
загина юнашки въз една река,
издаден не казвам от коя ръка,
защото срамът ми изгаря челото...

Борба страховита! В която числото
надви на възторга - таз плява, тоз дим!
Ударът бе тежък и неотразим.
Бунтът се удави в паника ужасна,
де всичко високо падна и угасна.
Инстинктът на роба обади се пак
със всичкий си ужас, със всичкий си мрак.
И паданья бързи, и измени нови,
стиден плод на дълго влачени окови,
фърлиха в борбата своя вечен срам.

1876

Bracigovo was taken over after a glorious fight.

The uprising started with prayers, hopes and hymns and
quickly was crushed.
Batak gave in, unfortunately, crawling in retreat,
Koprivshtica as well, fell down on the ground after the very first
thunder storm,
the cherry cannon couldn't save the high hills of Klisura,
the early dawn was rising above Sredna Gora Mountain,
witnessing the terrible bloodshed
and the burning flames.
The brave people of Panagyurishte couldn't hold the lines any
more, and on the tenth day
of the defence they opened the doors and let the Ottoman
troops inside the town.
Kableshkov, the great hero, this burning volcanic soul,
was captured in a trap, and the lion Benkovski, this mysterious
fusion of
Levski and Rakovski, was killed near a river,
betrayed by the hand of a man, I won't mention who was this
traitor,
because I'm ashamed of him...

Fearful fight! Where the heroic were slain by the hordes!
The defeat was heavy and unbelievable.
The uprising was crushed in a horrible panic,
and the high values were broken and faded.
The instincts of the slave was the ruler again,
bringing back all the fear and the darkness.
Everything collapsed quickly, and the treacheries began again,
dishonouring acts, they put the entire quest to shame.

И тази епоха на кръв и на плам
през всички епохи и през вековете
ужасна и мрачна в хаоса ще свети,
растеща всечасно в по-голем размер
и ще фърля вечно като облак чер
въз нашта историйя една сянка тайна
от кръв и позори и слава безкрайна.

And this age of bloodshed and burning passion,
throughout all the ages and the centuries,
terrible and dark, will shine through the chaos,
and will continue growing bigger with every passing hour,
and like a black cloud in the sky, will continue to cast its dark shadow
upon our history of bloodshed, disgrace and infinite glory.

ВОЛОВ

Те бягаха бледни пред дивата сган.

И Волов, юнакът, цял в кърви облян,
извика: "О, боже! О, адска измама!
подвигът пропадна и надежда няма!
къде да се скрием от безславната смрът?

Балканът

Аз нямам за вази ни завет, ни път.

Градът

Аз имам бесила.

Хижата

Аз имам проклятья.

Янтра

Елате, нещастни, във мойте обятья!

Волов - апостол по въстанието на 1876 и двама още въстаници след провалянето на движението, като им се отказало навсякъде убежище и гонени от турска потеря, пристигнали на брега на Янтра, която била придошла буйна и голяма. Там за да не паднат в ръцете на гонителите си, по предложение на Волова, предпочели смъртта и се фърлили в реката.

VOLOV

They were retreating, frightened, from the enemy troops.

And Volov, the brave man, was badly wounded,
he shouted: "Oh, Dear God! Oh, terrible betrayal!
the quest is crushed and there is no hope left!
Where can we hide from the disgraceful death?

The Balkans

I can't offer you shelter or a way through.

The town

I've got gallows awaiting you.

The rest house

I'm cursed

The Yantra river

Come into my arms, poor souls!

Volov –the apostle of the uprising in 1876 and two more
fellows from the resistance made their way to Yantra river,
after retreating from the Ottoman troops without being able to
find shelter. The river's flow at this moment was very high and
the waters were dangerous. There, following Volov's intentions,
the company decided to choose the death of drowning instead
of surrendering to the Ottoman soldiers.

ОПЪЛЧЕНЦИТЕ НА ШИПКА
11 август 1877

Нека носим йоще срама по челото,
синила от бича, следи от теглото;
нека спомен люти от дни на позор
да висне кат облак в наший кръгозор;
нека ни отрича историьята, века,
нека е трагично името ни; нека
Беласица стара и новий Батак
в миналото наше фърлят своя мрак;
нека да ни сочат с присмехи обидни
счупенте окови и дирите стидни
по врата ни още от хомота стар;
нека таз свобода да ни бъде дар!
Нека. Но ний знаем, че в нашто недавно
свети нещо ново, има нещо славно,
що гордо разтупва нашите гърди
и в нас чувства силни, големи плоди;
защото там нейде на връх планината,
що небето синьо крепи с рамената,
издига се някой див, чутовен връх,
покрит с бели кости и със кървав мъх
на безсмъртен подвиг паметник огромен;
защото в Балкана има един спомен,
има едно име, що вечно живей
и в нашта история кат легенда грей,
едно име ново, голямо антично,
като Термопили славно, безгранично,
що отговор дава и смива срамът,
и на клеветата строшава зъбът.

THE RESISTANCE AT SHIPKA
11th of August 1877

Let us continue carrying the mark of the shame on our faces,
the scars of the punishment, those signs of the slavery,
let the terrible memories of those disgraceful days
to come upon is as a black cloud,
let the history and the ages to deny our existence,
let our name to be tragic,
let the darkness of Belasica and Batak cover our past with
shadows,
let the others to point and laugh at us
because of the broken chains and the old scars from the yoke
on our necks,
let them speak that our freedom was given to us as a present!
Let them be! But we know that in our past there is a new bright
light, there is glory,
that makes our hearts beat with pride and there is a great
passion growing inside us,
because somewhere in the mountain,
where the shoulders of the earth are meeting with the skies,
there is one wild and eminent peak rising,
covered with white bones and a moss of red blood,
a mighty monument of immortality.
Because in the Balkans there is only one memory that still
remains,
there is only one name that will live forever,
an exemplary legend from our history,
one new name, mighty and ancient,
As great and boundless as Thermopylae
powerful evidence of the truth that stands against the shame
and smashing the lies to the ground.

О, Шипка!

 Три деня младите дружини
как прохода бранят. Горските долини
трепетно повтарят на боя ревът.
Пристъпи ужасни! Дванайсетий път
гъсти орди лазят по урвата дива
и тела я стелят, и кръв я залива.
Бури подир бури! Рояк след рояк!
Сюлейман безумний сочи върха пак
и вика: "Търчете! Тамо са раите!"
И ордите тръгват с викове сърдити,
и "аллах!" гръмовно въздуха разпра.
Върхът отговари с други вик: ура!
И с нов дъжд куршуми, камъни и дървье;
дружините наши, оплискани с кърви,
пушкат и отблъскват, без сигнал, без ред,
всякой гледа само да бъде напред
и гърди геройски на смърт да изложи,
и един враг повеч мъртъв да положи.
Пушкалата екнат. Турците ревът,
Насипи налитат и падат, и мрат; -
Идат като тигри, бягат като овци
и пак се зарвъщат; българи, орловци
кат лъвове тичат по страшний редут,

Oh, Shipka!

For three days now, the young defenders
were holding the lines. The forests and the fields around were shaken
by the echoing roar of the battle.
Waves of terror! For a twelfth time,
the hordes were crawling up the hill,
performing a condensed attack,
dead bodies were laying all around and blood was streaming
down the slope.
Hail after hail! Swarm after swarm!
Suleiman was angry and he was pointing at the peak again,
shouting at his troops: "Keep pushing! The enemy is up there!"
And the Ottoman hordes began their attack again, shouting and raging:
"Allah!". Their loud roar ripped the skies above.
The defence at the top, answered back with a different roar:
Hurray!
And the battlefield was once again flooded with flying bullets,
rocks and logs,
and our brave resistance, covered in blood, were shooting and
pushing back,
without a command and specific order,
they were standing firm without cover and risking their lives
with one and only duty,
to kill, before being killed.
The guns are blasting. The Turks are roaring.
The waves keep coming and falling and dying.
Rushing forward like tigers, fleeing back like sheep
and attacking again. The Bulgarian eagles are running along the
redoubt
like lions, without feeling any thirst, hunger or exhaustion.

не сещат ни жега, ни жажда, ни труд.
Щурмът е отчаен, отпорът е лют.
Три дни веч се бият, но помощ не иде,
от никъде взорът надежда не види
и братските орли не фърчат към тях.
Нищо. Те ще паднат, но честно, без страх -
кат шъпа спартанци под сганта на Ксеркса.
Талазите идат; всичките нащрек са!
Последният напън вече е настал.
Тогава Столетов, наший генерал,
ревна гороломно: "Млади опълченци,
венчайте България с лаврови венци!
На вашата сила царят повери
прохода, войната и себе дори!"
При тез думи силни дружините горди
очакват геройски душманските орди
бесни и шумещи! О, геройски час!
Вълните намират канари тогаз,
патроните липсват, но волите траят,
щикът се пречупва - гърдите остаят
и сладката радост до крак да измрът
пред цяла вселена, на тоз славен рът,
с една смърт юнашка и с една победа.
"България цяла сега нази гледа,
тоя връх висок е: тя ще ни съзре,
ако би бегали: да мрем по-добре!"
Няма веч оръжье! Има хекатомба!
Всяко дърво меч е, всякой камък - бомба,
всяко нещо - удар, всяка душа - плам.
Камъне и дървье изчезнаха там.

The assault is desperate, the resistance is strong.
They had defended their positions for three days now,
but reinforcements are not expected to come,
and hope was not foreseeable
and the fellow eagles are not flying to give them aid.
Let it be this way. They will fall, but with honour and no fear,
like the few Spartans who stood against the Xerxes.
The hordes are on the move again, everyone is in position!
The final push is on its peak.
And then, Stoletov, our general,
raised his loud throaty voice: " Young people of the resistance,
it is time to praise Bulgaria with laurel wreaths!
The king has trusted this passage, the war and even himself to
you and your power!"
These glorious words lifted the spirit of the proud defenders,
and they felt strong and ready to give a proper welcome to the
Ottoman hordes!
Oh, heroic hour!
The men became as hard as a rock, crushing the impact of the
attacking waves of Turks.
The bullets are finite, but the men's will is infinite,
the bayonet can be broken, but the men's pride is unbreakable
it is a sweet joy to die with honour in the name of the universal
victory.
"The whole Bulgarian nation is now depending on us,
this peak is high enough and they will see us,
if we are going to lose, then we all are going to die instead of
fleeing!"
There are no weapons left! What's left is the self-sacrifice!
Every wooden log is a sword, every stone is a grenade,
Everything is a tool to fight back, every single soul is a burning
fire.
There are no woods and stones left.
"Grab the corpses!"- somebody shouted,

"Грабайте телата!" някой си изкряска
и трупове мъртви фръкнаха завчаска
кат демони черни над черний рояк,
катурят, струпалят като живи пак!
И турците тръпнат, друг път не видели
ведно да се бият живи и умрели,
и въздуха цепят със демонский вик.
Боят се обръща на смърт и на щик,
героите наши като скали твърди
желязото срещат с железни си гърди
и фърлят се с песни в свирепата сеч,
като виждат харно, че умират веч ...
Но вълни по-нови от орди дивашки
гълтат, потопяват орляка юнашки ...
Йоще миг - ще падне заветният хълм.
Изведнъж Радецки пристигна със гръм.
. . . .
И днес йощ Балканът, щом буря зафаща,
спомня тоз ден бурен, шуми и препраща
славата му дивна като някой ек
от урва на урва и от век на век!

and the dead bodies were thrown down the hill, flying like
black demons,
above the black swarms,
and the dead were once more alive!
And the Turks got scared, they have never seen before,
living and dead fighting as one.
The fight swiftly became hand-to-hand,
our heroes are as hard as a rock,
embracing the cold iron with their iron chests,
singing songs and engaging in the terrible fight,
seeing clearly that this is the end and there is no turning back...
But new waves are coming, drowning our brave eagles...
And the mighty hill is about to fall.
Suddenly Radetski announced his arrival with a cannon blast.
....
And to the present day, every time there is a storm in the
Balkans,
It's a reminder to the people about that stormy day, and the
thunder
is carrying the memories and the mighty glory,
echoing through the hills and through the ages!

Also available from JiaHu Books:

Epic of the Forgotten

Bulgarian - 978-1-78435-087-1

Dual - 978-1-78435-153-3

Under the Yoke

Bulgarian - 978-1-78435-055-0

English - 978-1784351076

Dual – 978-1-78435-110-6

Стихотворения и Проза Ботев 978-1-909669-86-4

Chekhov – Short Stories to 1880

English - 978-1-78435-137-3

Dual - 978-1-78435-138-0

Chekhov – Short Stories of 1881

English - 978-1-78435-148-9

Dual – 978-1-78435-245-5

Printed in Great Britain
by Amazon

62770445R00066